LA CRISE DES SUBSISTANCES

ET

LA CHERTÉ DES VIVRES

PARIS — IMP. SIMON RAÇON ET COMP., RUE D'ERFURTH, 1

LA
CRISE DES SUBSISTANCES

ET LA

CHERTÉ DES VIVRES

PAR

A. AUDIGANNE

PARIS

LIBRAIRIE DE CHARLES DOUNIOL ET Cᴵᴱ, ÉDITEURS

29, RUE DE TOURNON, 29

1871

LA CRISE DES SUBSISTANCES

ET LA CHERTÉ DES VIVRES

La cherté des objets servant à l'alimentation publique ne tient pas seulement aux circonstances actuelles. La tendance au renchérissement date de loin. Durant les quinze ans qui ont précédé la fatale année 1870, elle n'avait fait que se prononcer chaque jour davantage. On se plaignait de toutes parts du prix excessif et sans cesse grandissant des articles de première nécessité. Les causes anciennes, souvent arbitraires, mêlent aujourd'hui leurs effets à ceux de causes récentes, mais purement accidentelles. Il importe de les distinguer soigneusement les unes des autres, si l'on veut voir clair dans la situation présente, sans s'exagérer la portée de la crise alimentaire et sans susciter de craintes chimériques. Ce n'est point ici l'intérêt de quelques-uns ni même celui d'une classe sociale qui se trouve en jeu, c'est l'intérêt de tout le monde. Il n'y a plus guère, parmi nous, de gens assez riches pour pouvoir se mettre personnellement au-dessus de l'augmentation des prix. Et d'ailleurs, de nos jours, chacun travaille; or tous ceux qui travaillent, à n'importe quel titre, sous n'importe quelle forme, ont à compter avec le renchérissement, ne fût-ce que parce qu'ils ont besoin du concours d'autrui.

Pour juger des prix actuels, il ne suffirait pas, quand même nous n'aurions point à subir le contre-coup de causes antérieures, d'observer les faits qui nous entourent immédiatement. La cherté est un phénomène relatif; on doit donc constater l'état des choses à des moments différents, dans un intervalle donné. Autrement dit, il faut procéder, en pareille matière, à l'aide de comparaisons. C'est aux années 1849, 1859 et 1869 que nous en demanderons les termes par rapport à l'année 1871. Le choix de ces trois années s'explique aisément. Un singulier avantage appartient à l'année 1849 : elle peut

nous offrir une image aussi fidèle que possible du prix moyen des
vivres, depuis le rétablissement de la paix générale, en 1815, et qui
n'avait presque pas varié, si l'on excepte une année de cherté exceptionnelle. Elle permet, en outre, de constater les cours à l'heure où
va bientôt s'ouvrir la période du second empire, qu'on peut désormais embrasser dans son ensemble, et durant laquelle la pratique, à
l'intérieur, d'une fausse économie politique, imbue des idées de luxe
et de prodigalité, avait engendré tant de causes de renchérissement.
L'année 1859 marque ensuite le point culminant de la direction si
vicieuse imprimée aux intérêts industriels, qui avait commencé à
s'accentuer vers 1855. Quant à la dernière étape, celle de 1869,
elle s'imposait à l'observation comme fournissant la résultante des
vingt années précédentes.

Il reste à déterminer sur quels articles doivent porter les recher-
ches. En ces questions, comme en toutes, l'essentiel est de savoir se
borner. Rien ne serait plus hors de propos, plus fastidieux et en
même temps plus inutile que de dresser l'aride nomenclature de tous
les objets servant à l'alimentation. Ces détails n'appartiennent qu'aux
prix courants d'un magasin de comestibles. On jugera mieux où cette
méthode nous conduirait si l'on songe qu'il y a dans Paris plus de
vingt industries différentes comprises dans le groupe de l'alimentation, et dont plusieurs, soit dit en passant, font de 100 à 200 millions de francs d'affaires par année. Il est de toute nécessité de s'en
tenir aux articles principaux, à ceux qui figurent dans la consommation journalière et dont le cours influe, d'ailleurs, sur celui de tous
les produits analogues.

Les mercuriales des marchés de Paris seront naturellement notre
guide. En vain on en chercherait d'autres qui soient aussi bien dres-
sées, aussi régulières, aussi sûres, aussi concluantes. Les marchés
de la capitale, de ce vaste centre de consommation, toujours couvert
et jamais satisfait, fournissent de plus en plus, depuis l'achèvement
des grandes lignes de chemins de fer, un niveau régulateur pour les
transactions de toute la France. C'est là seulement qu'on peut se
faire une idée de la moyenne universelle des prix à tel ou tel moment, comme aussi des changements successifs qu'ils ont pu ressentir[1].

Quand on veut recueillir ces indices pour ainsi dire infaillibles des
oscillations survenues, on n'a pas besoin de retourner sur tous les
marchés et de reprendre un à un les chiffres de chaque mercuriale.
L'observation démontre, en effet, qu'à un certain mois le taux moyen

---

[1] On trouve la succession des cours dans une publication spéciale, *l'Écho agricole*, dont l'autorité est bien établie en ces matières.

des prix offre une signification particulière qui peut former une base d'appréciation. Je parle du mois de septembre. Alors, point de ces influences climatériques tenant à l'excès de la chaleur ou du froid, et pouvant réagir sur la masse des transactions. La moisson est finie, et l'on est généralement fixé sur l'état des récoltes, même de celles qui tiennent encore au sol. Ce mois sera, du reste, notre point de mire pour chacune des quatre années spécifiées tout à l'heure et dont nous devons avant tout vérifier le bilan.

I

On n'éprouve aucun embarras quant à l'article par lequel doit s'ouvrir cette revue rétrospective des prix. Chacun a dit déjà : C'est le pain, le pain qui domine tous les autres produits par ses vertus alimentaires, le pain dont la haute généalogie remonte jusqu'à Cécrops. Ce serait cependant une erreur de croire que le pain fournit sur la progression des cours des indications économiques égales en importance à son rôle quotidien dans la vie des populations. Il n'en est pas ainsi, puisque le cours de la marchandise provient, le plus souvent, d'un fait unique, le résultat de la moisson, et varie parfois d'une année à l'autre en d'étonnantes proportions. Cependant, il se trouve qu'aux trois époques où nous nous arrêtons, — en 1849, en 1859, en 1869, — le prix du pain ne diffère pas beaucoup, preuve certaine que les récoltes avaient été à peu près équivalentes. En 1849, le pain blanc se vendait 30 centimes le kilogramme, et le pain bis-blanc 22 centimes. En 1859, c'est 32 centimes et 24 centimes ; en 1869, on est à 37 centimes 1/2 et à 29 centimes 1/2. Veut-on comparer le cours des farines à la halle de Paris ? Le sac dont je spécifierai tout à l'heure la contenance coûtait, suivant la moyenne de toute l'année, 48 francs en 1849, 50 fr. 06 c. en 1859, et 57 fr. 12 c. en 1869.

A cette dernière date, il est vrai, la taxe municipale qui fixait chaque quinzaine le prix du pain n'existait plus. Elle avait été supprimée en 1863. Mais on pouvait la calculer exactement à l'aide des bases anciennement admises, qui appartiennent désormais à notre histoire économique et dont il n'est pas sans intérêt de rappeler les traits principaux. On prenait le prix moyen officiel des farines pour 100 kilogrammes, tel que l'arrêtait, chaque quinzaine, une caisse spéciale bien connue sous le nom de *Caisse de la boulangerie*, pourvue d'une riche dotation, qui fit retour à la ville lorsque le régime de la caisse fut modifié, et que la ville détourna plus tard de

sa destination légale, sans façon comme sans scrupule. D'après la
valeur des 100 kilogrammes, on établissait aisément le prix du sac
de 157 kilogrammes, auquel je viens de faire allusion, qui est la quotité sur laquelle se règlent toutes les transactions commerciales à
Paris, et cela par un vieil esprit de routine difficile à expliquer dans
un commerce aussi intelligent. Si nous ajoutons 10 francs, pour frais
de cuisson et pour tous les frais généraux, au prix du sac de farine,
nous avons la base de la taxe, en partant de ce fait universellement
admis que 157 kilogrammes de farine donnent environ, à cause de
l'eau qui s'y joint, de 100 à 104 pains de 2 kilogrammes, ou de 200
à 208 kilogrammes de marchandise[1].

Il convient de savoir en outre qu'avec l'augmentation qui s'était
produite chez le boulanger, comme chez presque tous les autres né-
gociants de la capitale, dans les frais généraux, — salaire des gar-
çons, loyers, dépenses de premier établissement, etc., — il devenait
impossible de s'en tenir à l'ancien chiffre de 10 francs, déjà calculé
à 13 et qu'on estimait avec justice désormais à 15 francs. Depuis
assez longtemps on admettait l'insuffisance de la primitive allo-
cation ; on murmurait communément tout bas que, si l'on avait donné
toujours son poids à l'acheteur, pas un comptoir de boulanger n'aurait pu rester ouvert. Déplorable alternative, tendant à démoraliser une
branche importante de commerce ! En pareille matière, avec le régime de la liberté de la boulangerie, il n'y a qu'une règle qui se puisse
justifier devant la raison et la conscience, à savoir, que l'acheteur doit
toujours obtenir le poids annoncé. Que des différences de prix servent
ensuite à compenser les différences relatives à la forme des pains et
au degré de cuisson, rien de plus licite. Seulement, ce n'est jamais
le poids qui doit devenir facultatif, c'est le prix. La liberté économique ne s'est jamais entendue autrement. Sans cette règle, l'acheteur ne saurait pas, pour certains pains, le poids réel de la marchandise. Il ne serait sûr de rien, heureux encore si l'on n'était exposé
qu'à l'incertitude et non point à la déloyauté des transactions, orga-
nisée au grand jour. Le chiffre où il était porté au mois de septembre 1869, alors que le cours des farines, — dépassant un peu la
moyenne de cette même année, — était à 60 francs, n'avait rien
d'exagéré.

L'augmentation assez minime constatée de l'une à l'autre entre les
deux années 1849 et 1859 est devenue très-sensible, au contraire, au
mois de septembre 1871, à la suite d'une mauvaise récolte et d'une

---

[1] Il faut deux sacs de blé de 120 kil., année moyenne, car le poids du blé est
sujet à varier — pour obtenir un sac de farine de 157 kil. — On estime moyenne-
ment à une dizaine de francs la valeur des issues, dont le son est la principale,
pour 2 sacs de blé de 120 kil.

guerre destructive dont les conséquences économiques seront examinées plus loin. Le pain est alors à 50 centimes et à 42 centimes le kilogramme, tandis que le prix des farines s'est élevé à 85 francs et à 86 francs le sac ; et pourtant, depuis la chute de l'empire, on a supprimé le droit de 2 francs perçu à l'octroi de Paris. Triste conjoncture, d'autant plus pénible que la situation générale, par suite des fautes du passé dont la France subit les effets sans les avoir commises, est devenue si dure pour tout le monde. Jugez de la dépense qu'amène à Paris une différence de 20 centimes par kilogramme. Si l'on supposait une consommation journalière de 250 grammes par individu, ce serait, pour 1,500,000 habitants, une somme supplémentaire à payer de 37,500 francs par jour ou de 262,500 francs par semaine. On nous permettra d'anticiper sur des explications ultérieures et d'ajouter tout de suite que les raisons les plus plausibles inspirent cette confiance, — autant qu'on peut l'avoir en une matière subordonnée à des influences aussi variables, — que des cours excessifs, comme ceux de 1854, de 1855 et de 1856, ou même comme ceux de 1867 et de 1868, ne sont point à redouter. Cette pensée devra nous soutenir durant la saison rigoureuse, en excitant encore davantage ceux qui ont du pain en abondance à songer à ceux qui en manquent.

On n'a guère à tenir compte, à Paris, du pain de deuxième qualité, nommé dans les anciennes tarifications pain *bis-blanc*, tant est faible la quantité qui s'en débite. Nombre de boulangers n'en fabriquent pas un seul kilogramme à l'heure qu'il est. Les ouvriers n'en prennent presque jamais, et ils ont raison, car l'autre est beaucoup plus nourrissant. On n'en vend pas moins à la halle des farines de différentes qualités. Il y a d'abord les *huit marques*, provenant de huit maisons principales, qui n'étaient d'abord que quatre, puis six, dont le nombre s'augmentera certainement encore, et qui sont à la tête du marché. On a les farines de grand choix, qu'on n'emploie guère que dans les quartiers riches de la capitale, pour donner à certains pains une blancheur exceptionnelle ; puis d'autres sortes venant de maisons plus ou moins considérables et justement renommées, quoique ne figurant point parmi les huit marques. Toutes ces farines, de quelque nom qu'on les désigne, sont excellentes. Les qualités inférieures ne réussiraient pas à se placer. On s'étonne parfois de trouver le pain plus beau à Paris que dans beaucoup de villes de province ; voilà tout le secret. — En fait de moyenne des prix, les calculs doivent en conséquence reposer exclusivement sur le pain de première qualité.

Il n'en est pas tout à fait de même dans le grand et riche commerce de la boucherie, où l'on vend des viandes de toute espèce, suivant la maison et les quartiers. Autre différence : l'augmentation des prix chez le boucher a été à peu près continuelle. On n'est point allé, pour la viande, comme pour le pain, de la cherté au bon marché et du bon marché à la cherté ; on est demeuré dans des cours progressifs et toujours avec la menace, peu réconfortante pour le consommateur, qu'ils ne s'en tiendraient pas là. Le marché parisien de la boucherie est alimenté par une cinquantaine de départements. Ce sont ceux des anciennes provinces de la Normandie, de l'Anjou, du Nivernais qui lui fournissent la plus notable quantité de bœufs et de vaches. Les veaux sont tirés, en général, de départements plus voisins de la capitale. En fait de moutons, le rayon de l'approvisionnement est beaucoup plus étendu, quoique les fermiers de l'Ile-de-France, qui comptent presque tous des troupeaux de plusieurs centaines de têtes, y prennent une large part. De nombreuses bandes d'animaux nous arrivent encore du centre, de l'ouest et du sud-ouest de la France. Les envois de l'Allemagne occidentale, dont l'importation était énorme avant la guerre, ont repris leur cours accoutumé. A l'un des derniers marchés de septembre que nous avons visité à la Villette, on ne comptait guère moins de huit mille moutons transportés d'outre-Rhin. Les pâtres qui les conduisaient avaient dû se croiser sur la route avec les régiments venus des mêmes régions pour ravager et piller nos campagnes, quand la cause d'une guerre légitime avait cessé devant la raison, devant l'humanité et devant l'histoire. Noble France, accueillante et hospitalière ! Toujours fidèle à son génie, elle a déjà repris son rôle ; elle a eu raison de rouvrir ses portes et ses marchés ; mais elle doit se souvenir à jamais qu'elle s'est laissé conduire sur les champs de bataille comme les troupeaux de moutons que lui amènent ses ennemis d'hier.

Sur la quantité de viande consommée dans la capitale, on n'a de détails précis que depuis 1779, d'après les comptes de l'octroi. Encore faut-il se rapprocher de nous d'environ trente-cinq années, si l'on veut établir le chiffre de la consommation par habitant. Sous ce rapport, on peut constater spécialement qu'il ne s'était pas produit de changement notable de 1815 à 1849. Chose singulière et à laquelle on ne s'attend peut-être pas ! c'est au début de cette période, c'est-à-dire avant 1819, qu'on trouve la consommation individuelle la plus forte. Elle était alors un peu supérieure à 165 grammes par jour ; nous la voyons fléchir plus tard à 140 grammes, pour remonter ensuite à ce même chiffre de 165 grammes, qui ne s'était grossi ni en 1859 ni en 1869. Peut-être même, à tout prendre, avait-il un peu diminué. Si bien qu'il est tout au plus permis d'affirmer que, durant les vingt dernières années prises en bloc, la consommation de la viande n'a pas été réduite dans ses rapports avec le chiffre de la population parisienne. Et encore, les basses viandes, les issues et les abats ont-ils

pris dans la nourriture populaire une place jadis inconnue. La hausse
à peu près ininterrompue des prix explique suffisamment cet état
stagnant de la consommation individuelle.

Quoique la comparaison ne doive pas remonter, dans ce travail, au
delà de 1849, on ne trouvera pas hors de propos si nous spécifions
quelques traits des cours antérieurs. On a, pour la vente en gros, les
données les plus certaines, grâce à l'ancienne Caisse de Poissy, dont
le rôle consistait à faciliter les règlements de compte entre le ven-
deur et l'acheteur. Pour les prix, comme pour la consommation par
tête d'habitant, pas ou peu de variations de 1815 à 1849. Le bœuf
sur pied se vend en moyenne de 1 franc à 1 fr. 07 c. le kilogramme[1].
Si l'on rencontre un moment le chiffre de 1 fr. 12 c., on tombe, en
revanche, parfois au-dessous de 1 franc. C'est seulement plus tard,
vers l'année 1853, que le renchérissement commence à se mani-
fester, et il se prononce de plus en plus après 1855.

Les chiffres rappelés tout à l'heure ne s'appliquent qu'au bœuf;
on suppose bien qu'une progression analogue se faisait remarquer
dans les autres viandes de boucherie. Cette indication générale suffit
pour des temps éloignés; mais pour les années 1849, 1859, 1869
et 1871, il convient de préciser davantage les différences et les variations. Là-dessus nous possédons des données positives : on voit, en s'y
référant, qu'au mois de septembre 1849, le prix du bœuf sur pied
revenait en moyenne, comme par le passé, à 1 franc le kilogramme,
celui de la vache à 80 centimes, celui du veau à 1 fr. 06 c., celui
du mouton à 1 fr. 04 c. Voilà le résultat des mercuriales. Où en
étions-nous à la fin d'une première période décennale, en 1859?
Alors la moyenne montait pour le bœuf à 1 fr. 26 c., pour la vache
à 1 fr. 13 c., pour le veau à 1 fr. 85 c., et pour le mouton à 1 fr. 53 c.
Dix ans plus tard, en 1869, ces prix s'étaient encore accrus. On avait
alors 1 fr. 35 c. pour le bœuf, 1 fr. 25 c. pour la vache. En ce qui
concerne le veau et le mouton, les cours baissaient un jour pour
monter le lendemain, en se ressentant de la tendance générale à la
hausse. Aujourd'hui nous ne sommes pas en temps normal, après les
dévastations de la guerre. L'année 1871 a eu à souffrir encore de la
peste bovine et des suites de la sécheresse de 1870, qui avait déjà
réduit le chiffre des existences en bétail. Rien d'étonnant si les prix
moyens ont monté. Ils sont arrivés pour le bœuf à 1 fr. 45 c., pour
la vache à 1 fr. 27 c., pour le veau à 1 fr. 98 c., et pour le mouton
à 1 fr. 71 c. — Il n'est pas nécessaire d'ouvrir un compte spécial à
la charcuterie; les cours s'y développent parallèlement à ceux de la
boucherie. S'il y avait toutefois, depuis vingt ans, une différence à

---

[1] Voy. les *Consommations de Paris*, par M. Husson.

citer, elle accuserait encore une plus forte progression de ce côté-là.

Dans la vente en détail, l'augmentation n'a pas été seulement proportionnelle à celle qui se remarque dans le prix des animaux sur pied; elle a été notablement plus forte, au grand désavantage des consommateurs. Cette remarque, doit-on ajouter, ne regarde pas seulement la boucherie, elle porte plus loin : on ne peut faire un pas dans la comparaison des prix, depuis vingt ans, sans rencontrer un grief analogue à propos de tous les articles destinés à l'alimentation; c'est vrai, seulement le fait est si frappant à l'étal des bouchers, qu'il était impossible de n'y pas faire allusion dès à présent, sauf à réserver pour la fin de cette revue comparative une explication plus circonstanciée.

Arrivons auparavant à ces articles si divers que comprend la catégorie de la volaille et du gibier, sans nous occuper, bien entendu, des objets de luxe, ne s'adressant qu'à un petit nombre de chalands. On voit qu'il s'agit des marchandises formant la spécialité de l'ancien marché, supprimé aujourd'hui, et jadis bien connu des Parisiens, sous le nom de la Vallée. Sur tous les articles de cette branche de commerce, les prix de 1849 paraissent modiques, quand on les compare à ceux qu'on a payés plus tard. Ne dédaignons point les détails et prenons quelques exemples qui donnent l'idée de toute la nomenclature. A la première époque, le canard de basse-cour, appelé en termes du métier canard barboteur, était coté de 1 fr. à 2 fr., le chapon gras de 4 fr. à 5 fr., les dindons communs de 2 fr. 25 à 4 fr., les gras de 5 à 7 fr., la perdrix grise de 50 c. à 2 fr., la perdrix rouge de 1 fr. 25 à 2 fr. 50, enfin les poulets gras de 2 fr. 15 à 3 fr. 25. En 1859, les prix s'étaient généralement accrus d'un cinquième. En 1869, augmentation encore plus notable. La hausse a recours alors à tous les subterfuges : ainsi, on multiplie les distinctions et les catégories, sous le rapport de la qualité ; c'est une échelle de prix extrêmement variés, de telle sorte que les bas cours ne sauraient être pris en compte sans faire remarquer qu'ils correspondent à des qualités tout à fait inférieures. Voilà, par exemple, que les canards vont de 1 fr. 35 à 2 fr. 50, 2 fr. 75 et à 3 fr. 50 ; les chapons sont à 5 fr., à 5 fr. 50, à 6 fr. et à 7 fr. ; la perdrix grise part de 1 fr. 25 pour aboutir à 3 fr. 80, et la rouge, de 2 fr. pour aboutir à 4 fr.; les dindons gras se cotent de 7, 8, 10, 12 à 14 fr., et les communs de 3 fr. à 6 fr. 75. Les prix des poulets commencent à 1 fr. 25 ; mais ils passent vite à 2 fr. 90, puis à 3 fr., puis à 6 fr. Ainsi pour tout le reste. La cherté règne incontestée, et tels articles que pouvaient acheter assez couramment jadis, des ménages modestes, sont relégués pour eux dans la catégorie des objets inabordables. Au mois de septembre 1871, on devait naturellement se ressentir de cet essor désordonné des prix. Ce n'est pas au lendemain de nos malheurs, après tant de dilapidations et de pertes, que la situation pouvait s'améliorer comme par un coup de baguette magique; la cherté s'est donc maintenue, quoique sans s'élever beaucoup au-dessus des chiffres de 1869.

Il serait superflu de s'occuper du poisson; les prix sont trop variables d'un jour à l'autre, à cause des incertitudes de la pêche et des troubles soudains de l'atmosphère qui retiennent à certains jours les barques si hardies de nos pêcheurs absolument captives dans le port. De plus, cet article est loin d'occuper dans l'alimentation, par suite tout à la fois d'une mauvaise organisation de la police de la pêche et du système de la tarification pour le transport en chemin de fer, — le rang qui devrait lui appartenir; on se doute bien, d'ailleurs, ou plutôt on sait par expérience, que le prix moyen du poisson a monté comme celui des vivres en général. Ce ne peut être qu'à titre de curiosité que je mentionne les huîtres, qu'on ne trouve plus que sur des tables opulentes ou prodigues. En 1849, les prix oscillaient à la halle entre 1 fr. 50 et 3 fr. le cent, ce qui mettait la vente au détail de 40 c. à 60 c. la douzaine. En 1859, on paye le même article de 3 fr. 50 à 4 fr. 50 le cent; en 1869, de 8 fr. à 9 fr. 50. L'impulsion donnée nous pousse, en 1871, à 10 fr. et à 12 fr. Aussi la douzaine, portée d'abord à 75 c., puis à 1 fr. et à 1 fr. 25, a-t-elle dépassé le chiffre de 1 fr. 50. Comme il n'y aura plus à revenir sur ce somptueux article, qu'on avait promis de mettre à la portée de tout le monde, grâce à un nouveau mode de multiplication beaucoup trop exalté, rappelons que la hausse extraordinaire tient à ce fait que la facilité des transports a ouvert de nouveaux débouchés; elle tient aussi peut-être à la concentration de la plupart des parcs entre des mains très-puissantes.

Voici des articles dont le cours intéresse davantage le budget des familles, et pour lesquels il ne serait pas permis d'être aussi sommaire : le beurre, les œufs, le fromage, les légumes secs, etc. Pour le beurre, quelques distinctions sont surtout indispensables : le beurre en livres, le moins cher de tous, si l'on excepte une sorte tout à fait inférieure, appelée *petit beurre*, se payait, en 1849, de 1 fr. 28 à 1 fr. 90 le kilog.; en 1859, de 1 fr. 48 à 2 fr. 38, et en 1869 de 2 fr. 20 à 3 fr. 54. Si vous prenez le beurre le plus cher, celui d'Isigny, vous le voyez coté de 1 fr. 60 à 3 fr. 40 en 1849, puis de 2 fr. 35 à 4 fr. 60 en 1859, et enfin de 2 fr. 60 à 5 fr. 70 en 1869. En 1871, les prix devaient pencher encore du côté du renchérissement, qui affecte surtout les beurres de qualité moyenne[1]. Augmentation

---

[1] On omet ici à dessein les beurres de luxe comme celui de la Prévalaye près de Rennes, et qui, à proprement parler, n'ont pas de cours commercial.

également constante sur les œufs : le mille coûte, suivant la gros-
seur, de 38 fr. à 56 fr. en 1849, de 45 fr. à 60 fr. en 1859, et enfin
de 80 fr. à 94 fr. en 1869 ; on le voit, en 1871, flotter entre 98 fr.
et 115 fr. Il n'est question ici que des œufs gros et moyens, à l'exclu-
sion des plus petits, qui ont éprouvé, d'ailleurs, une égale augmentation, et qui sont, toutes proportions gardées, les plus chers de
tous.

En fait de fromages, comme c'est le fromage de Brie qui se vend
le plus couramment aux halles de Paris, il suffira de connaître la
progression qu'a ressentie cet article pour se figurer le renchérissement survenu dans les produits de ce genre. Seulement, on doit
prendre garde aux extrêmes variations qui se remarquent d'un
marché à l'autre. Étrangères souvent à toutes tendances en hausse
ou en baisse, elles sont dues à une différence accidentelle dans les
quantités apportées. Il faut savoir aussi que certains produits de premier choix, dont le prix est extrêmement élevé, n'arrivent guère à
la halle ; ils sont vendus d'avance, par une sorte d'abonnement.
Parmi les fermiers de la Brie qui envoient leurs marchandises au
marché, il en est encore qui ont le privilége de les vendre deux ou
trois fois plus cher que les autres. En dehors de toutes ces différences, restent les prix moyens et habituels, portant sur la masse
des fromages, qui sont toujours adjugés par dizaine. Ici, les cours
flottaient communément en 1849, entre 10 fr. et 36 fr.; ils se trou-
vent entre 14 et 45 fr. en 1859 et entre 20 et 50 fr. en 1869. C'est
aux environs de ces derniers chiffres qu'on reste en 1871.

Parmi les légumes secs, les pommes de terre et les haricots tiennent le plus de place dans l'alimentation ordinaire. L'hectolitre de
pommes de terre, en prenant pour terme de comparaison l'espèce
la moins chère, celle qu'on appelle pommes de terre jaunes, et qui
est généralement à un quart ou un tiers de moins que la vitelotte et
la hollande, se payait, en 1849, de 3 fr. 50 à 4 fr. 50 ; en 1859, de
6 fr. 50 à 7 fr., et en 1869, de 7 à 8 fr. Quant aux haricots, le
prix avait doublé à peu près dans le même laps de temps. On ne sera
pas surpris, d'après le prix du pain, que les derniers chiffres tendent à se maintenir en 1871. C'est même un symptôme à relater
qu'ils n'aient pas été notablement affectés par la hausse.

Au sujet du vin, remarque analogue à celle qui concerne le pain
et qui a trait à l'influence de la récolte. Les variantes sont cependant moins sensibles pour le vin entre les années les plus dissemblables, à cause d'une plus grande facilité pour la conservation des
produits d'une année sur l'autre. Le prix des vins ordinaires, vendus
en pièce, a donc moins changé sur le marché de Bercy, où il s'en
vend de si énormes quantités, qu'on ne serait d'abord porté à le

croire. Des approvisionnements considérables avaient même permis, durant le siége de la capitale, de laisser les cours presque à leur niveau antérieur. En 1871, on signale plutôt une tendance à la réduction qu'à l'accroissement des prix. — Quant au cidre, une récolte favorable avait ramené des cours modérés en 1870.

En dernière analyse, c'est la viande, ce sont les articles de consommation ménagère les plus répandus, en un mot, tous les objets de première nécessité, qui ont éprouvé le renchérissement le plus marqué de 1849, ou plutôt de 1855 à 1869. L'observation du phénomène de la cherté, tel qu'il s'est manifesté chez nous depuis vingt ans, a surabondamment démontré que la marche des prix allait complétement à l'inverse des promesses incessamment prodiguées. Le bon marché! on semblait le prédire à jour fixe; mais, en attendant, les prix montaient, montaient toujours. L'augmentation se manifestait surtout, comme il a été dit, dans le commerce de détail, et parfois suivant des proportions extraordinaires dont souffraient cruellement les familles les moins aisées. Le moment est venu de donner l'explication de ce fait si notoire.

Qu'elle ait été lente ou soudaine, l'élévation des cours de la marchandise en gros n'a pas figuré seule dans l'accroissement de prix constaté par les relevés de 1859 et de 1869. Tels articles achetés par le détaillant à un prix égal à celui qu'ils avaient dix ou vingt ans plus tôt, ou pour lesquels la différence était à peine sensible, n'arrivaient entre les mains du public qu'avec une surcharge plus ou moins lourde. Qu'une stricte proportion ne puisse jamais être observée en pareil cas, c'est évident. La balance penchera toujours un peu du côté du détaillant. Il y a d'ailleurs dans le prix marchand des choses une quotité qui ne change pas selon l'abondance du produit. Moins l'objet est cher en lui-même, et plus cette quotité compte largement dans le chiffre. Il s'agit de la part destinée à faire face à tous les frais généraux. Voyez un exemple : le fruitier qui vous vend des cerises a pu les acheter, suivant les années, de 5 francs à 20 ou 25 francs les 100 kilogrammes; mais ses frais généraux restent toujours les mêmes; il faut toujours qu'il les retrouve pour une part proportionnelle dans le taux de la vente. Rien de plus légitime et de plus normal, quand les choses sont laissées à leur cours naturel. Supposez, au contraire, un accroissement de frais généraux dû à des influences factices ou arbitraires; supposez dans une administration publique, ramenant tout à elle, se mêlant à tout, un système économique qui provoque au luxe et à la dépense, qui croit semer des germes de richesses par la prodigalité, et alors les frais généraux du commerce ne connaissent plus de limites. Les loyers atteignent à des chiffres fabuleux; les décorations intérieures et tout le mode de l'installa-

tion absorbent un capital exagéré. Il faut ensuite que toutes ces dépenses soient prélevées avec usure sur l'acheteur, plus ou moins durement rançonné. Une fois l'élan donné, les petits marchands, qui n'ont
que faiblement participé à l'accroissement des dépenses, n'en suivent
pas moins l'élan des autres maisons. Eh bien, voilà ce qui s'est passé
sous nos yeux. Qu'il y eût pression indirecte, effet des exemples donnés
ou de certaines mesures trop hâtées de l'édilité publique, le résultat
était le même. On faisait violence à la nature des choses. En fin de
compte, c'est comme si l'on avait poussé à l'élévation des prix. On
entrait ainsi à pleines voiles dans cette fausse économie politique que
j'ai appelée ailleurs, à propos de l'Exposition universelle de 1867,
l'économie politique de la cherté, et qui se trouve en flagrante con-
tradiction avec les données élémentaires de la science. L'étude plus
intime des causes mêmes de la crise des subsistances en 1871 nous en
fera mieux saisir encore le vide, les dangers et les fatales conséquences.

II

Il serait superflu d'expliquer que la cause première de la cherté
des produits, c'est la rareté. Si les articles de consommation usuelle
viennent tout à coup en abondance sur le marché, les cours fléchis-
sent en dépit de toutes les combinaisons. Ces mêmes objets s'épui-
sent-ils, au contraire, sans être aussitôt remplacés, les cours remontent tout de suite. Ce n'est là qu'une application de la loi de l'offre et
de la demande si bien mise en lumière par la science économique.
Oh! dira-t-on peut-être, les prix s'élèvent presque toujours, dans
les cas signalés, plus vite qu'ils n'ont fléchi. C'est possible; mais
le fait tient alors à des circonstances accessoires complètement étrangères au principe incontestable de l'économie politique, et qui n'en
sauraient altérer l'essence. Admettons, par exemple, que les déten-
teurs de tels ou tels produits puissent en dissimuler pendant quelque
temps l'affluence soudaine, il est clair que la réduction normale ne
se produira point; seulement, ce n'est pas parce que la règle est en
défaut, c'est parce qu'une supercherie a trompé les regards des ache-
teurs.

De ces observations prises sur le fait, il résulte clairement que,
pour amener le bon marché des articles alimentaires, comme de
toutes les marchandises, il faut, de deux choses l'une, ou bien en
consommer moins, ou bien en produire davantage. S'il s'agit d'objets essentiels, diminuer la consommation, c'est occasionner une
souffrance, ce qui veut dire presque toujours une déperdition de

forces. Le véritable bon marché, le seul bon marché avantageux au public, ne peut donc provenir que de l'activité de la production. Toutes les circonstances qui en ralentissent les mouvements deviennent autant de raisons de cherté. En tenant à la main le flambeau de ces principes, il sera facile de se rendre compte des diverses causes qui ont concouru au renchérissement actuel. Rien de pratique d'ailleurs dans une étude sur la crise des subsistances, si l'on n'a pas en vue de chercher les moyens d'y remédier, ou tout au moins de l'adoucir et de l'abréger. Or il faut pour cela en revenir sans cesse au vieil adage : *Cessante causa, cessat effectus*. Le moindre palliatif implique encore la connaissance des motifs essentiels du malaise.

On n'a pas le dessein d'examiner toutes les causes qui sont de nature, dans les divers cas imaginables, à faire hausser le prix des choses. Il en est d'ailleurs qui dépendent exclusivement d'une situation donnée et périssent avec elle. Quelles sont celles qui en ce moment ont amené la cherté, voilà bien la question posée devant nous. Même en se limitant ainsi, on peut encore envisager à plusieurs points de vue l'enchaînement des faits. Si, par exemple, on mettait d'un côté les causes générales, et d'un autre les causes particulières de la crise, la science n'aurait rien à redire contre une semblable division. Elle a été adoptée en Angleterre par M. Tooke, dans son livre sur les variations des prix (*History of prices*), qui jouit d'une si légitime autorité, et qui s'applique spécialement au blé et à la circulation (*currency*). Pour un ouvrage embrassant, comme celui-là, un laps de temps fort étendu et des circonstances extrêmement dissemblables, — de 1793 à 1837 d'abord, puis de 1838 à 1847, et enfin de 1848 à 1856, — on conçoit à merveille une semblable classification. Elle s'accorderait moins bien, ce nous semble, avec les exigences d'une recherche ayant trait, comme la nôtre, à une crise déterminée. Le signe différentiel entre les causes générales et les causes particulières serait très-difficile à préciser. Voici, par exemple, l'influence des saisons amenant une bonne ou une mauvaise récolte. Dans une histoire des prix, il y a là, de toute évidence, une cause générale, tandis que dans l'étude d'une épreuve donnée, ce n'est plus qu'une cause particulière. Autant faudrait-il en dire de la guerre.

Une autre méthode paraît mieux répondre aux circonstances actuelles. Entre les causes du renchérissement, les unes se sont produites sous nos yeux et dans la période qu'elles affectent immédiatement, c'est-à-dire depuis les derniers mois de l'année 1870. Les autres, auxquelles nous faisions allusion dès le début, remontent au delà et pèsent sur nous d'un poids indirect, quoique plus ou moins douloureux. Grâce à une telle division, on se prémunit contre la criante injustice qui détournerait la responsabilité des fronts qu'elle doit atteindre.

En réalité, cette distinction revient à séparer les causes imputables aux faits et gestes des hommes de celles qui dépendent de la Providence. Parmi ces dernières se range naturellement la ruineuse influence qu'ont exercée sur la moisson de 1871 les froids si rudes de l'hiver dernier. Comme les rigueurs de la température, comme le trouble des saisons peuvent, non-seulement atteindre le blé, mais encore la plupart des produits alimentaires, la raison principale de la disette échappe à l'action de l'homme. Rien de plus incontestable. Il ne peut pas plus amener ou faire cesser la pluie, mesurer aux sillons la chaleur ou le rafraîchissement qu'ajouter un cheveu à sa tête ou un centimètre à sa taille. Cela ne veut pas dire néanmoins qu'il soit impuissant contre les forces destructives de la nature. Un admirable enchaînement a mis pour lui sur cette voie la récompense à côté de la peine. Est-ce que les progrès de la science, les perfectionnements de la culture, les incessantes découvertes de l'industrie, n'ont pas des résultats incalculables et sur la masse des récoltes et sur la préservation des produits? Songez à tous les avantages résultant des modernes conquêtes de la mécanique agricole, de la chimie végétale ou animale, et de toutes les innovations relatives au traitement des matières alimentaires? N'y a-t-il pas dans cet épanouissement des facultés de l'esprit humain une véritable puissance créatrice? Voilà bien l'homme fait à l'image de Dieu! C'est par de pareilles œuvres qu'il ressemble au Jéhovah de la Bible. Quand il sème, au contraire, la destruction, soit dans des guerres barbares à l'étranger, soit dans des luttes civiles plus affligeantes encore, il ne rappelle plus que ces divinités du mal auxquelles les aveugles terreurs du paganisme avaient élevé des autels.

Produits plus abondants, main-d'œuvre moins coûteuse, vente à meilleur compte, tels sont, en termes économiques, les fruits ordinaires de ces luttes sans fin et de ces progrès sans limites. Chaque branche de la production, chaque application de l'agriculture, deviennent ainsi comme une mine à fouiller et à exploiter. Le perfectionnement des voies de transport, le commerce qu'elles facilitent et qu'elles propagent, permettent de porter les produits du sol sur les points où ils deviennent le plus rares et le plus nécessaires. Qu'on juge du prix de ces efforts et de cette prévoyance! Avec le retour parfois si fréquent des saisons défavorables qui anéantissent dans certains pays les espérances du cultivateur, il n'y a point d'autre moyen de détourner la famine et la mort. Dans l'ouvrage cité plus haut, M. Tooke relate que, de 1793 à 1814, c'est-à-dire en vingt et un ans, l'Angleterre n'avait pas eu à traverser moins de onze mauvaises années, durant lesquelles les céréales, et surtout le froment, avaient presque complétement manqué, et dont quelques-unes avaient également sévi sur une grande partie de l'Europe. Chez nous, durant la période même à laquelle s'adressent nos études, de 1849 à 1871, on peut compter au moins sept années de cherté pour le blé, les farines et le pain : 1853, 1854, 1855, 1856, 1861, 1867 et 1868. L'année 1855 fut la plus maltraitée de toutes : le prix moyen du sac de farine, que nous avons laissé à 48 francs pour 1849, toucha le chiffre de 94 francs, et il atteignit au mois de janvier le cours de 116 francs. Le terme extrême en 1854 et en 1856 a été de 105 fr. ; en 1853, de 104 francs; en 1861, de 95 francs; en 1867 et 1868, de 93 et 94 francs.

Quoique l'année 1871 doive être inscrite à la suite de ces dates affligeantes, elle est loin, comme on l'a vu, d'avoir présenté des mercuriales aussi élevées. Ce n'est point cependant à cette différence, c'est aux évaluations d'hommes spéciaux sur le déficit de la récolte et sur les moyens d'y suppléer, que je faisais allusion plus haut, en parlant du prix probable du pain pour cet hiver. L'opinion manifestée doit trouver maintenant sa justification. Eh bien! d'après les estimations dont je parle, il paraît d'abord établi que le déficit sera moins grand qu'on ne le supposait. Le froment d'hiver a seul été atteint : il l'a été profondément, je l'avoue, et, pour ne rien atténuer, je dois dire qu'il remplit à lui seul la moitié des champs consacrés à la culture des céréales. Dans l'autre moitié s'accumulent les variétés de grains les plus diverses : le froment de printemps, l'épeautre, le méteil, le seigle, l'orge, le maïs, le sarrasin, le millet et l'avoine, qui vient après le froment d'hiver quant à l'étendue des ensemencements[1]. Toutes ces dernières espèces, dont quelques-unes, comme le seigle et l'orge, et ensuite le sarrasin et le maïs, ont une importance alimentaire considérable, sont demeurées intactes. De plus, la culture du froment de printemps, qui ne fournit d'ordinaire qu'un appoint assez faible, a reçu d'assez larges développements cette année : il a remplacé sur différents points les froments d'hiver détruits par les gelées.

Il y a évidemment là de précieuses ressources. Tout récemment,

[1] Voici des données précises empruntées aux publications officielles du ministère de l'agriculture et du commerce, en 1868, et relatives à une bonne récolte ordinaire. Le nombre d'hectares cultivé en céréales avait été de 15,620,821. Le froment d'hiver en occupait 7,372,819, l'avoine 3,323,875. Venaient ensuite le seigle pour 1,928,288 hectares, l'orge pour 1,086,991, le sarrasin pour 668,904, le maïs pour 586,032, le méteil pour 513,542. Le surplus se partageait entre les menus grains, y compris le froment de printemps. La récolte générale s'était élevée à 264 millions d'hectolitres de grains, et à 283 millions de quintaux de paille, ayant ensemble une valeur de 4 milliards, 875 millions de francs.

on signalait encore, dans un travail très-solide publié par *l'Écho agricole*, les excédants des années précédentes et le *stock* entassé dans les ports de mer. De nouveaux efforts du commerce achèveront sans peine de combler le vide. Le doute et la crainte ne pourraient guère provenir que d'éventualités étrangères à la question des existences en fait de céréales, comme une saison d'automne défavorable aux semailles, ou bien une crise monétaire prolongée qui troublerait les acquisitions de blé au dehors. La pénurie existante disparaîtra-t-elle l'an prochain? L'abondance succédera-t-elle à nos embarras? C'est le secret de la récolte que la main du semeur est en train de confier à la terre.

A la cause de renchérissement dérivant d'une mauvaise saison est venue s'en joindre une autre bien plus attristante, parce qu'elle découle de la volonté ou plutôt de l'aveuglement des hommes : la guerre. Et la guerre étrangère a été suivie de la guerre civile! Si l'on compte les épidémies qui ont sévi sur plusieurs régions de la France, il faut avouer que tous les grands fléaux de l'humanité avaient fondu sur notre patrie dans la douloureuse année commençant au mois de juillet 1870. La guerre étrangère a visiblement pesé sur le prix des vivres. Ce ne sont pas les approvisionnements qu'elle a nécessités qui, en faisant concurrence au commerce, ont contribué à la hausse. Non ; de cette manière, la lacune n'aurait pas été grande : comme la prévoyance avait manqué partout, on n'avait fait aucun achat extraordinaire. Et d'ailleurs, les objets achetés auraient reçu leur destination, ou bien ils se seraient retrouvés dans les magasins publics. L'influence pernicieuse provient de la destruction, du pillage, de la dilapidation des marchandises, des exactions de toute nature commises sur notre territoire. La guerre, en outre, a gêné la production, en entravant le travail, en enlevant des bras à l'agriculture, comme aussi en troublant le cours des transactions commerciales. Autant de motifs pour une augmentation des prix. Comptez encore la rançon sans exemple imposée par ceux qui avaient déclaré au début qu'ils ne faisaient pas la guerre à la France... Parmi les contributions nouvelles votées pour subvenir à l'indemnité étrangère, quelques-unes des plus onéreuses pèsent directement sur des articles servant à l'alimentation. Or la hausse, en pareil cas, dépasse même presque toujours la taxe qui la provoque.

Si l'on considérait la guerre avec la Prusse seulement dans ses effets, on n'hésiterait point à la ranger parmi les causes de cherté appartenant à la période actuelle. Les ruineuses conséquences s'en manifestent effectivement sous nos yeux; mais, par ses origines, elle se relie exclusivement au passé. Pas un esprit impartial ne doute aujourd'hui qu'elle ne couvât dans la pensée du pouvoir depuis l'im-

mense faute de Sadowa, et qu'elle n'ait été activée par les sugges-
tions d'une politique intérieure qu'embarrassaient de plus en plus
les impulsions libérales de l'opinion publique. Avec un gouvernement
si absolu sur les questions militaires, la France ne pouvait pas sup-
poser d'ailleurs qu'on déclarait la guerre sans s'y être préparé, avec
des arsenaux et des magasins vides, avec un armement inférieur à
celui de l'Allemagne, et comme dans une ignorance absolue des for-
midables préparatifs accumulés sur les bords du Rhin. Elle est donc
en droit de répudier devant la justice de l'histoire la responsabilité
des effets matériels de la guerre, qui sont venus aggraver la crise des
subsistances.

Il en est de même, avec non moins d'évidence, de diverses causes
purement économiques de la cherté. Elles ont leur raison dans le système que suivait l'empire, et qui s'était si fort exagéré depuis une
quinzaine d'années. On a reconnu déjà que le renchérissement de
toutes choses et surtout des objets de première nécessité, en devait
être l'inévitable conséquence. Eût-on visé à un pareil résultat, qu'on
n'aurait pas pu mieux s'y prendre pour l'atteindre. Depuis les constructions fastueuses qui se mêlaient de toutes parts, et sans nécessité aux grands travaux d'utilité publique, jusqu'aux plus futiles
caprices de la mode, tout concourait à ce même but. En outre, on
voulait faire tout en un jour, comme si l'on avait eu le secret pres-
sentiment que le temps dût manquer pour des projets à longue
échéance.

Ainsi, trop entreprendre à la fois, précipiter ensuite la besogne,
sauf à la rendre plus coûteuse et moins sûre, recourir à tous les
subterfuges imaginables pour rendre disponibles les ressources de
l'avenir, porter dans l'administration des intérêts industriels et com-
merciaux la constante habitude de l'expédient servi par l'abitraire,
pousser par l'exemple et le conseil les départements et les commu-
nes à des entreprises stérilement somptueuses, voilà les procédés dont
le gouvernement faisait choix dans sa politique économique.

On ne saurait trop stigmatiser, en vue d'en prévenir le retour, ces
fausses combinaisons qui portaient dès longtemps en elles le germe
du renchérissement. Étrange illusion d'une économie imprévoyante
et toute matérialiste! On calculait la richesse sur ce qu'on avait dé-
pensé, tandis qu'on aurait dû juger la dépense sur ce qu'elle devait
produire. En absorbant des forces et des moyens, les entreprises
hâtives et superflues, la part faite au luxe dans des constructions
qui n'en comportaient point, réduisaient d'autant la somme des ressources consacrées à des emplois utiles. Le contre-coup, réagissant
de proche en proche, atteignait les articles de première nécessité
dont la production était forcément diminuée.

Ces tendances économiques, jointes au fait matériel des grandes démolitions dans les villes et surtout à Paris, conduisaient encore à la hausse des prix par l'augmentation des loyers industriels. Les exigences là-dessus ne connaissaient plus de bornes. On aurait dit une véritable contagion. En 1860, la chambre de commerce de Paris évaluait déjà les loyers payés par l'industrie à 107 millions de francs. On reste plutôt au-dessous qu'on ne va au-dessus de l'accroissement survenu de 1860 à 1869, si on estime le surplus à 25 pour 100, ce qui donne un total de 156 millions. Élever le prix des loyers, c'est imposer une dîme sur le consommateur. Et comme si ce n'était pas assez de ces sources toutes grandes ouvertes en France à l'absorption des capitaux, le gouvernement exagérant dans une autre arène un principe vrai, celui de l'intérêt des peuples à s'aider les uns les autres dans les travaux de la paix, poussait précipitamment les épargnes du pays à s'engager, en dehors de nos frontières, dans d'aventureuses opérations, qui toutes, sauf trois ou quatre, comme celles des chemins de fer Autrichiens et du Sud-Autriche-Lombard, ont été désastreuses pour les actionnaires. Ce sont des sommes de plusieurs milliards de francs, par exemple, qui se sont englouties, au grand préjudice de la production française, dans des entreprises de voies ferrées et dans des exploitations minières ou métallurgiques, de l'autre côté des Pyrénées. De même encore pour nous large réduction des forces productives par suite de certains emprunts étrangers, ouvertement patronnés par notre gouvernement, et puis abandonnés par faiblesse à des taxes imprévues, vraiment écrasantes, qui diminuaient singulièrement le capital avec les intérêts. Dans le moment où s'opéraient des prélèvements si énormes, on se plaignait que telle ou telle grande branche de la production, l'agriculture par exemple, fût désertée par les capitaux ! J'entendais un jour un ministre de l'agriculture dogmatiser, avec une certaine solennité, à propos de cet abandon, dont il cherchait bien loin le motif quand il était très-près de lui, dans cette économie politique toute d'expédient qui nous apportait la cherté. Ayant sans cesse à la bouche les mots de bon marché, ces praticiens aventureux faisaient songer assez volontiers à des tireurs à la cible qui, après avoir placé à quelque distance leur point de mire, y tourneraient tout de suite le dos.

On s'est étonné parfois que certaines mesures avouées et conseillées par la saine économie politique, comme la liberté de la boucherie et de la boulangerie et d'autres encore qui échappent à notre cadre actuel, n'aient pas produit tous les avantages qu'on en avait attendus pour les consommateurs. Dans le milieu donné, c'était bien difficile : trop de courants opposés contrariaient le mouvement. Et puis, dans un pays comme le nôtre, avec nos habitudes prises, les libertés économiques auraient eu besoin, pour déployer toute leur influence, de se sentir soutenues par les garanties inhérentes aux libertés publiques, qu'aucune concession gracieuse ne remplacera jamais! Sur quoi compter, quand des arrangements artificiels pouvaient venir troubler à l'improviste toutes les données antérieures. Songez, par exemple, au rôle attribué à la caisse de la boulangerie, et qui fut si durement stigmatisé dès l'origine par les économistes étrangers les plus expérimentés. Cette invention (*contrivance*), est-il dit dans *l'Histoire des prix* de M. Tooke, citée plus haut, prétendait appliquer non-seulement aux indigents, mais à toute la population de Paris, une sorte de loi spéciale des pauvres, en vue de mettre le pain au-dessous du cours normal. La théorie partait, en effet, de l'idée d'une compensation imaginaire résultant d'une vente faite au-dessus du prix régulier dans les bonnes années et au-dessous dans les mauvaises. Le discours d'ouverture des Chambres en 1854 préconisait le système comme destiné à prévenir dans le prix du blé les variations extrêmes et à nous délivrer pour jamais des maux qui en avaient été la suite. Autant aurait-il valu soutenir, répondait l'économiste anglais, que l'État peut, par l'intermédiaire d'un des ministères, neutraliser l'effet de la température ou des saisons. Puis il montrait cette caisse de la boulangerie condamnée d'avance à un rôle de dupe, obligée à des évaluations trop fortes quand elle devait payer, trop faibles quand elle devait recevoir[1]. C'était inévitable : on était réduit à se tromper soi-même. En outre, on détruisait le véritable commerce de la boulangerie. Le bon marché artificiel peut réussir pour un jour à tromper l'œil, mais point à satisfaire les intérêts.

Dans le temps même où ces combinaisons s'étalaient au grand jour, la France était obligée de tirer du dehors une masse considérable de blé. Il en fallut pour 100 millions de francs en 1853. L'année suivante, la dépense montait de 125 à 150 millions, pour atteindre presque au même chiffre en 1855. Devant l'augmentation du prix des farines, on avait voulu d'abord maintenir le prix du pain à 40 centimes le kilogramme ; on fut obligé de le porter à 50 centimes. On était encore fort au-dessous du prix des grains. On ne s'apercevait pas qu'une suite de mauvaises années, comme il s'en est vu de temps à autre, par exemple, en Angleterre, de 1807 à 1812

[1] Parlant du discours impérial, l'ouvrage anglais s'exprime ainsi : « Les doctrines établies dans les paragraphes relatifs à la Caisse de la boulangerie sont si extraordinaires, qu'elles justifient une citation littérale..... » A la suite de la citation, on lit : « Il serait difficile de trouver aucun langage prononcé publiquement par l'autorité suprême d'un État éclairé, dans lequel, en un si petit espace, on ait entassé des erreurs aussi choquantes et aussi fatales. » *History of prices*, t. VI, p. 29 et 50.

(six années consécutives de disette), auraient, comme on dit, fait sauter la banque. Ni l'emprunt ni l'impôt ne pouvaient l'alimenter indéfiniment. Au bout de deux ans et demi, l'institution était engagée déjà pour plus de 50 millions de francs. Sans doute l'esprit conçoit qu'il est possible, par de prévoyants et sages calculs, de créer jusqu'à un certain point entre les années une sorte de solidarité qui tempère l'effet des disettes ; mais il y faut d'autres formes, d'autres garanties. Dans l'état des choses, on aurait dû rompre avec la tradition qu'on avait créée et suivie. Au lieu de porter partout la lourde main du gouvernement absolu, attirant tout à lui, voulant que tout procédât de son autorisation, accordant des priviléges, des concessions ou, comme on disait alors, des affaires, il fallait s'en remettre à l'activité individuelle, débarrassée de ce régime de préférences et de faveurs qui la comprime et qui l'étouffe. Le bon marché ressemble au phénix : il veut se produire de lui-même, ou bien il s'obstine à ne point renaître. Les égarements de l'économie politique de l'empire à l'intérieur ont été punis par des échecs répétés, sur lesquels le pouvoir absolu a pu jeter un voile, le plus souvent à des frais énormes. Par rapport à la Caisse de la boulangerie, il était impossible de cacher la mésaventure après avoir annoncé publiquement que l'institution allait s'étendre sur toute la surface du pays, et quand il fallut reconnaître bientôt l'impossibilité de lui faire faire un seul pas en dehors des murailles de la capitale.

Au sujet de la cherté des vivres, il était également bien difficile de faire croire au public qu'il jouissait du bon marché. Il y a eu cependant quelques essais pour donner le change même à ce sujet, ou tout au moins pour faire croire à un lendemain tout différent. Là-dessus on n'était pas difficile : on s'arrêtait volontiers à de simples apparences. Ce n'était guère flatteur pour l'opinion que de la croire capable de se laisser abuser ainsi. Voici un exemple qui concerne, non point l'alimentation, mais le logement, autre sujet constant d'inquiétude pour la population de Paris. Au moment où la hausse des loyers sévissait avec le plus de rigueur devant la sape de l'édilité préfectorale, qui faisait tomber des rues entières, on avait institué sur les terrains vagues de l'avenue Trudaine une sorte d'exposition de petites maisons en bois qui furent représentées, à grand renfort de réclames semi-officielles, comme un modèle pour des logements à bon compte. A entendre ce qu'on débitait sur ce point, on aurait cru qu'il n'y aurait plus désormais de difficulté pour se loger, et que le moindre ménage allait avoir son chalet. D'un autre côté, l'Exposition de 1867 peut porter au compte de ses nombreuses créations de fantaisie, sans valeur pratique, sa galerie de prétendus produits à bon marché, qui ne recouvrait guère qu'une illusion.

Que chacun décide maintenant s'il n'est pas juste de comprendre ces préjugés, ces expédients, ces erreurs propres à décourager et à éloigner des concours utiles, ces incomplètes applications d'une science mal étudiée, qui répugne absolument au caprice, parmi les causes de la cherté. Point d'incertitude possible, puisque le renchérissement existait déjà avant 1870, et qu'à la moindre alerte provenant d'une récolte un peu douteuse, la crise des subsistances aurait éclaté, même sans la guerre et ses conséquences immédiates. On ne cède donc point à un esprit de vaine critique, que je repousserais pour ma part, on n'est que prévoyant en montrant les dangers d'un système économique fondé sur l'arbitraire.

L'augmentation constante des prix a-t-elle été compensée par la hausse des salaires? On l'a prétendu; mais c'était aller un peu vite dans ses affirmations, qui ne s'adressaient d'ailleurs qu'aux ouvriers. Pour ceux-là mêmes, voyons le fait d'un peu près. Il y a une dizaine d'années, dans un écrit spécial, nous nous étions posé cette question : Les salaires se sont-ils accrus? Reconnaissant le fait d'augmentations partielles ou locales, nous n'admettions pas dès lors qu'il y eût réellement compensation. Depuis, les deux termes, au lieu de se rapprocher, comme nous en exprimions l'espérance, n'ont fait que s'éloigner l'un de l'autre. Pour ramener l'équilibre, pour en assurer le maintien, il aurait fallu que l'économie d'expédient, qui en était à son plein épanouissément, fût d'abord écartée. En réalité, les populations ouvrières avaient été les premières à en souffrir. Jamais un système d'où découle infailliblement la cherté des vivres ne sera favorable au travail. Les prix s'élevaient d'un quart ou d'un tiers d'un côté, quand le salaire s'augmentait de l'autre seulement d'un dixième. Telle était bien la proportion la plus ordinaire, et je ne parle point du prix du logement à Paris, qui passait du simple au double. Inutile de dire qu'en cas de renchérissement ce sont les objets de première nécessité qui en subissent l'effet le plus immédiat. La raison en est simple : on peut, à la rigueur, se passer temporairement des autres.

En dehors de la mauvaise saison de 1870, de la guerre si malheureusement entreprise et de la fausse direction imprimée si longtemps aux intérêts matériels, il est quelques autres causes de renchérissement d'une moindre portée, qui se distinguent des précédentes en ce sens qu'elles tiennent à la fois au présent et au passé. Ainsi, le rôle des chemins de fer s'est mêlé, depuis l'achèvement du réseau, et il se mêle chaque jour à la question des prix. Je n'entends pas parler ici des tarifs, dont le système a été souvent mal compris et qui demanderait, pour être mis sous son vrai jour, un examen spécial et étendu. Non; j'envisage le nouveau système de transports d'après sa nature et dans sa portée essentielle. Eh bien! à ce point de vue, voilà ce qui a lieu : d'une part, les chemins de fer favorisent l'essor de la production; mais, d'une autre part, ils étendent le cercle de toutes les consommations. Supposez un parfait équilibre entre les deux tendances, et les prix ne seront point altérés ; admettez au contraire que la production se développe plus vite que la consommation, et l'action quotidienne des chemins de fer aura conduit à une baisse relative; si c'était la consommation qui prenait les devants, le renchérissement serait certain. Que s'est-il passé en fait, je ne dis pas pour tous les produits, mais pour ceux qui servent à l'alimentation? Les témoignages recueillis ne permettent aucun doute : les efforts de la production, contrariés, du reste, par les fausses mesures et les entraînements relatés tout à l'heure, n'ont pu suivre l'élan de la consommation. Il est résulté de cette différence une cause réelle de renchérissement, qu'un système économique plus judicieux et plus libéral pourra seul peu à peu faire cesser. Tout s'enchaine dans cet ordre d'intérêts : moins l'on réduira, par des prélèvements arbitraires, les ressources effectives du pays, et plus les voies ferrées seront en mesure d'amener le prompt développement de la production.

Ce n'est point au moment où l'or devient introuvable à Paris qu'il serait opportun d'insister sur une autre raison d'augmentation des prix, celle qui tient aux envois de la Californie et de l'Australie. On s'abuserait cependant si, en face d'un phénomène tout accidentel, relatif au mouvement du numéraire qu'occasionne le payement de l'indemnité prussienne, on se refusait à croire que les nouvelles exploitations aurifères aient été pour quelque chose dans l'élévation des cours. Quoique l'effet ait été lent et graduel, quoiqu'il n'ait suscité aucune commotion violente, il n'en doit pas moins entrer en ligne de compte dans le bilan de la crise ; il est d'ailleurs destiné à lui survivre. On ne saurait réagir d'une façon bien efficace contre cette cause dernière, inhérente à la nature des choses. En un certain sens, on ne doit même pas y songer. Le trouble qu'elle occasionne est compensé par de réels avantages. Dans tous les cas, ce ne serait point ici le lieu de reprendre les questions concernant la monnaie d'or et la monnaie de papier, l'étalon monétaire unique et le double étalon, débattue naguère par d'éminents économistes et par des commissions composées de juges plus ou moins compétents. Quelles que puissent être les solutions adoptées, elles ne seront jamais que des modes d'adoucir certains chocs, et nullement d'arrêter les arrivages californiens et australiens.

Par rapport aux différentes causes de la crise des subsistances, le remède a été indiqué, quand il ne s'indiquait pas de lui-même, à propos de chacune d'elles. En résumé, contre l'effet des saisons, on a les progrès de la science, l'amélioration des systèmes de culture et des divers moyens de conservation des produits; contre de témé-raires entreprises belliqueuses, on a la maturité des décisions, ga-rantie par l'intervention sérieuse du pays dans ses affaires ; contre les suites d'une économie trompeuse, on a la rupture absolue avec les errements qu'elle a suivis à l'intérieur ; enfin, contre un développe-ment plus rapide dans la consommation que dans la production des objets de première nécessité, on a le renoncement à cette idée de fausse grandeur se faisant gloire de disperser sans fruit, par delà les monts ou les mers, des ressources que notre territoire est avide de rendre au centuple. Grâce à ces rectifications, à ces redressements, le crédit reviendra de lui-même d'applications démesurées, d'impa-tients appels à des moyens équivoques ou compromettants ; il échap-pera à la fièvre des affaires à tout prix, des monopoles à long terme, en un mot, des créations privilégiées ne portant pas en elles leur rai-son d'être, comme il en était pour la construction des chemins de fer. Il pourra se replier librement, avec la responsabilité et l'honneur de ses calculs, vers les opérations qui se justifient par elles-mêmes, sans avoir besoin d'être imposées, devant ou derrière la toile, par des influences sans contrôle.

Il est encore une cause de la crise, d'une nature absolument diffé-rente, une cause toute morale, dépendant de la volonté et du carac-tère de chacun de nous. Non-seulement elle a eu de l'influence sur le renchérissement, mais elle peut continuer à en exercer encore. Quelle est-elle?... Disons d'abord qu'elle procède d'un vice qui s'est particulièrement développé de notre temps, un vice d'un vilain aspect, portant un vilain nom, et n'osant guère s'avouer, quoique prompt à s'étaler au grand jour. La morale religieuse le range au nombre des péchés capitaux; la morale philosophique le flétrit, comme ravalant l'homme au-dessous de la bête; la morale écono-mique le réprouve, comme entraînant des consommations impro-ductives et des déperditions de capital. Ce vice consiste en effet dans le goût, l'habitude, la passion des consommations superflues, dans cette domination des sens que les Latins appelaient avec mépris *gula*, et qui représente le culte de la matière sous sa forme la plus cho-quante : c'est la gourmandise.

Que ce vice, quand il en est venu à occuper dans un pays une place notable, doive contribuer au renchérissement des choses, cela saute aux yeux. Consommer au delà de ses besoins, n'est-ce pas réduire en pure perte la somme des approvisionnements, et par conséquent pousser à la cherté ? Ceux qui se jettent dans les excès, *gulæ parentes*, comme disait Horace, en prenant ainsi pour eux une quantité excessive, tendent à faire payer plus cher la part des autres. Il en est de même lorsque, dans son existence ordinaire, on court après les raffinements somptueux : on détourne alors en une certaine mesure le travail et la production vers des superfluités abusives.

A ce point de vue, le vice signalé n'est plus seulement une honte individuelle, c'est une plaie sociale. Par malheur, on s'est appliqué de nos jours à le flatter, à le choyer, à l'encourager. Il était devenu un instrument. Que de provocations plus ou moins publiques ne lui a-t-on pas adressées! Personne n'a oublié les appels qu'on lui faisait encore naguère, dans l'enceinte du Champ de Mars, lors de la dernière Exposition de l'industrie, où plus d'un vice pouvait trouver son compte, mais surtout celui-là. Il s'y pavanait triomphant; il était là chez lui; il semblait vouloir effacer, par le faste de ses étalages, les merveilles mêmes du travail. Ce fut, dans la presse étrangère, un sujet de nombreuses moqueries à notre adresse. Quant à nous, nous ne devions pas seulement y voir un corollaire de l'économie politique de la cherté, mais un symptôme du temps, qui prêtait à d'amères réflexions. Point d'autre vice pour disposer davantage les âmes à la servilité. Il détourne les esprits des pensées sérieuses, comme les cœurs des généreuses inspirations. Une politique noble, sincère, libérale, prenant souci de la dignité personnelle, qui réagira contre d'aussi vulgaires instincts matériels, — en utilisant toutes les salutaires influences qui les peuvent combattre, — servira du même coup les intérêts économiques, politiques et moraux de la société. Atténuer une cause de cherté, ce sera rendre un réel service; mais ce ne sera pas le plus grand, s'il est vrai que durant l'assoupissement des libertés publiques, qui sont une forte école pour les mœurs, la valeur individuelle se soit affaissée sur elle-même. Si la sobriété écarte la misère, c'est elle encore qui fait les hommes.